品德學習
系列

U0111437

小灰兔學耐性

葛翠琳　著
張蔚昕　圖

新雅文化事業有限公司
www.sunya.com.hk

品德學習 系列

《品德學習系列》系列故事感人，含豐富的寓意，可培養孩子有耐性、勇敢、有愛心、樂於助人、勇於學習和學會分享的良好品德，適合親子共讀。

當爸媽跟孩子閱讀《小灰兔學耐性》後，可請孩子運用以下表格來給自己評分，以鼓勵孩子自我反思，促進個人成長。

我能做到：	我給自己的評分	爸爸媽媽的評分
有耐性地輪候	👍👍👍👍👍	👍👍👍👍👍
有耐性地看書	👍👍👍👍👍	👍👍👍👍👍
有耐性地學習	👍👍👍👍👍	👍👍👍👍👍
有耐性地聆聽別人說話	👍👍👍👍👍	👍👍👍👍👍

本系列屬新雅點讀樂園產品之一，備有點讀和錄音功能，家長可另購新雅點讀筆使用，讓孩子聆聽粵普雙語的故事，更可錄下自己或孩子的聲音來說故事，增添親子共讀的趣味！

想了解更多新雅的點讀產品，請瀏覽新雅網頁(www.sunya.com.hk) 或掃描右邊的QR code進入

如何配合新雅點讀筆閱讀本故事書？

- 啟動點讀筆後，請點選封面，然後點選書本上的故事文字或說話的人物，點讀筆便會播放相應的內容。如想切換播放的語言，請點選各內頁上的 粵 普 圖示，當再次點選內頁時，點讀筆便會使用所選的語言播放點選的內容。

- 如想播放整個故事，可用點讀筆點選**以下圖示**來操作：

如何製作**獨一無二**的點讀故事書？

爸媽和孩子可以各自點選以下圖示，錄下自己的聲音來說故事啊！

1. 先點選圖示上**爸媽錄音** 或 孩子錄音 的位置，再點 OK，便可錄音。
2. 完成錄音後，請再次點選 OK，停止錄音。
3. 最後點選 ▶ 的位置，便可播放錄音了！
4. 如想再次錄音，請重複以上步驟。注意每次只保留最後一次的錄音。

爸媽請使用
這個圖示錄音

孩子請使用
這個圖示錄音

序

　　在競爭劇烈的社會裏，「贏在起跑線」的概念似已深植家長心中，可是現時幼童的學術培育往往遠超品德培育。市面上充斥着各式各樣甚具系統和規模的學術課程，惟品德教育欠缺有系統的教材及課程，家長想為幼童進行品德教育也常感到無從入手。幼童的理性分析能力及同理心需要經驗的累積，以及要成人在旁輔導及分析，協助幼童代入不同角色，並以不同立場分析事情。現今的幼童大多是家中獨子／女，學校又花大部分時間教導學術知識，家庭和學校這兩個幼童主要的生活圈均未有提供足夠機會，讓幼童學習及練習身分互換、體會他人的需要。幼童本身以自我為中心，能處處為他人設想除了是一種進階的思維能力發展外，更是一種生活習慣和態度，需要多練習至習以為常。

　　現今社會物質豐富，要讓幼童體會「無形」的快樂泉源：分享、承擔、互助及珍惜，很多時候需要家長特意製造相關機會或隨機教導幼童享受與他人共處及合作的過程。本系列圖書通過豐富的故事情節讓幼童代入不同的角色，了解不同角色對不同事物的詮釋、感受及責任，為孩子提供在羣體生活中所需的正向品德教育。

嚴沛瑜 博士
英國心理學會註冊心理學家

小灰兔去學畫畫，可老師卻讓她去種白菜。

這是怎麼回事呢？

^{yí} ^{wèi} ^{yǒu} ^{xué} ^{wèn} ^{de} ^{māo} ^{lǎo} ^{shī}　^{hěn} ^{shòu} ^{dà} ^{jiā} ^{de} ^{zūn} ^{jìng}

一位有學問的貓老師，很受大家的尊敬。

^{tā} ^{de} ^{xué} ^{sheng} ^{dōu} ^{shì} ^{hěn} ^{yǒu} ^{míng} ^{de} ^{huà} ^{jiā}

他的學生都是很有名的畫家。

^{xiǎo} ^{huī} ^{tù} ^{jué} ^{dìng} ^{qù} ^{gēn} ^{māo} ^{lǎo} ^{shī} ^{xué} ^{huà} ^{huà}

小灰兔決定去跟貓老師學畫畫。

粵 普
粵語 普通話

8

「貓老師，請你教我畫畫
吧！我想成為一個畫家。」

貓老師看了小灰兔一眼，

沒有做聲。

9

「請你教我吧！」小灰兔扭動着身子，甩動長耳朵，懇求貓老師。

貓老師慢悠悠地說：「好吧，從今天起，你就是我的學生了。」

小灰兔高興地笑起來。

貓老師拿出一把菜籽，說：「現在，你去種白菜吧！記住：做事要認真，學本領要用心。」貓老師說完就走了。

小灰兔抽抽鼻子，只好照着貓
老師的話去做。

山坡下一片青草地，小灰兔就
在這裏開荒、鬆土、播種。

秋風吹，小燕子飛走了。金黃的樹葉落滿了一地。

這時小灰兔種的白菜已長得又高又大，菜葉綠盈盈，菜梗水靈靈，小灰兔花了很大的力氣都抱不動。

「貓老師，快去看看吧，我種出來的白
菜好大啊！」

貓老師不動身，不抬頭，慢悠悠地問：

「我問你，白菜每一層有幾條菜梗呢？」

粵語　普通話

20

小灰兔回答不上來，急急忙忙跑回去，抱着白菜數了一遍又一遍，然後跑回貓老師身邊，說：「白菜每一層有三條菜梗。」

_{māo lǎo shī yòu wèn} _{bái cài hái méi zhǎng dà de shí hou}
貓老師又問：「白菜還沒長大的時候，

_{měi yì céng yǒu jǐ tiáo cài gěng ne}
每一層有幾條菜梗呢？」

_{xiǎo huī tù wāi zhe nǎo dai xiǎng le xiǎng} _{xiǎo shēng shuō} _{kě}
小灰兔歪着腦袋想了想，小聲說：「可

_{néng yǒu liǎng tiáo cài gěng}
能有兩條菜梗。」

貓老師歎了口氣，說：
「做事要認真，學本領要細
心。你再種一年白菜吧！」

小灰兔很傷心，可老師
的話不能不聽呀！

chūn fēng chuī　　cǎo ér lǜ le　　huā ér hóng le　　xiǎo huī tù zhòng
春風吹，草兒綠了，花兒紅了。小灰兔 種

le　yí piàn xiǎo bái cài　　tā jiāo shuǐ　　zhuō chóng　　chú cǎo　　cóng zǎo
了一片小白菜。她澆水、捉蟲、鋤草，從早

máng dào wǎn
忙到晚。

xiǎo huī tù zhòng le chūn cài zhòng qiū cài　　bú pà kǔ bú pà lèi
小灰兔種了春菜種秋菜，不怕苦不怕累。

tā duō me xī wàng dé dào māo lǎo shī de kuā jiǎng a
她多麼希望得到貓老師的誇獎啊！

26

秋風吹，山楂紅了，鴨梨黃了，
小灰兔種的白菜又豐收了。

「貓老師，我知道了，
大白菜、小白菜，每一層都
有三條菜梗。」

貓老師點點頭，慢悠悠地說：「做事要認真，學本領要耐心。你每天到山頂上去，看了日出看日落，白天就在山裏畫白菜吧！」

小灰兔覺得很委屈，可老師
的話不能不聽呀！

夜裏的風好冷啊！小灰兔跑上山頂，跑下山坡，星星對着她眨眼睛，月亮給她當燈籠。

34

yì tiān yòu yì tiān　　yí yuè yòu yí yuè
一天又一天，一月又一月，

xiǎo huī tù zài shān shí shang bù tíng de huà bái cài
小灰兔在山石上不停地畫白菜：

huà mǎn le shān pō　　huà mǎn le shān gǔ　　huà biàn
畫滿了山坡，畫滿了山谷，畫遍

le měi yì tiáo shān lù
了每一條山路。

一年過去了。小灰兔站在貓老師面前。

貓老師握握她的手，摸摸她的頭，然後慢悠悠地說：「你的手腕有勁了，腦袋也學會觀察、思考了。你可以開始跟着我學畫畫了。」

小灰兔沒做聲，她抬起頭來，眼睛裏閃着亮晶晶的淚珠。

粵語

普通話

小朋友，學習本領最重要的是什麼呢？